AF131392

EL EXTERMINIO DE LOS TUTSIS EN RUANDA

El último genocidio del siglo XX

Por Jonathan Duhoux
Traducido por Laura Bernal Martín

Historia en50MINUTOS.es

EL GENOCIDIO RUANDÉS

- **¿Cuándo?** Del 6 de abril al 17 de julio de 1994.
- **¿Dónde?** En Ruanda (África Central).
- **¿Contexto?** La descolonización del África Central y las guerras civiles entre etnias que salpican la historia del país durante la segunda mitad del siglo XX.
- **¿Principales protagonistas?**
  - Grégoire Kayibanda, presidente de la República de Ruanda de 1962 a 1973 (1924-1976).
  - Juvénal Habyarimana, hombre de Estado ruandés de 1973 a 1994 (1937-1994).
  - Paul Kagame, hombre de Estado ruandés desde el 2000 (nacido en 1957).
  - Los hutus y los tutsis, las dos principales etnias presentes sobre todo en Ruanda. Los primeros son agricultores, mientras que los segundos son ganaderos.
- **¿Repercusiones?**
  - Un elevado número de víctimas, que oscila entre 800 000 y un millón de muertos.
  - La apertura de múltiples juicios a nivel internacional, nacional y regional.
  - La puesta en marcha de una política de la memoria.
  - El cuestionamiento del funcionamiento de la ONU.
  - El estallido de la primera guerra del Congo (1996-1997).

El genocidio ruandés, uno de los sucesos más importantes de finales del siglo XX, se perfila como el resultado de un largo proceso que ancla sus raíces en la época colonial, durante la que alemanes y más tarde belgas se dedican a categorizar las etnias del país: los tutsis y los hutus.

Se da prioridad al acceso de los tutsis a los puestos de responsabilidad, ya que se considera que se parecen más a los europeos y que están más capacitados para dirigir. De esta manera, los colonizadores crean artificialmente tensiones en el seno de una población ruandesa que, no obstante, habla la misma lengua y comparte los mismos valores y creencias. Poco a poco, los hutus comienzan a hacer reivindicaciones y, en 1957, varios intelectuales se reúnen para redactar un manifiesto (*El manifiesto Bahutu*) con el fin de denunciar la explotación a la que se ve sometida su etnia. Dos años más tarde, el 1 de noviembre, los hutus se sublevan y derrocan la monarquía tutsi. Aprovechando las circunstancias, se proclama la república y Grégoire Kayibanda, en cuya política el antitutsismo desempeña un importante papel, se convierte en presidente. A lo largo de todo el siglo XX, asistimos a una auténtica persecución contra esta comunidad.

A principios de los años noventa las tensiones entre ambas etnias alcanzan su punto álgido y estalla la guerra civil. En 1994, los extremistas hutus llegan al poder y aplican la única solución que les parece válida para resolver el problema tutsi: la erradicación de su etnia.

La comunidad internacional se ve superada por la situación y apenas interviene; cuando lo hace, actúa con bastante torpeza. Esto deja al Gobierno extremista campo libre para organizar los genocidios: en solo tres meses son asesinadas casi un millón de personas, lo que convierte este acontecimiento en uno de los tres grandes genocidios del siglo XX, al nivel del perpetrado contra los judíos (1939-1945) y contra los armenios (abril de 1915-julio de 1916).

CONTEXTO

LA RUANDA PRECOLONIAL

Los ancestros de los tutsis y de los hutus se implantaron en esta región rodeada por lagos ya en el primer milenio antes de nuestra era. Este territorio de África Central, bordeado por grandes lagos de agua dulce (el Kivu, el Tanganyika, el Victoria, etc.) se beneficia de un clima suave y de abundantes precipitaciones. En estas regiones en que prospera la agricultura surge una aristocracia pastoral que funda diversos reinos: Ruanda, Bunyoro, Toro, Buhay y Burundi.

En el siglo XIV, Ruganzu I Bwimba, el primer rey tutsi, se hace con el poder en Ruanda. Aunque al principio se trata de un territorio modesto, sus descendientes someten durante cuatro siglos a las tribus hutus de los alrededores y amplían así las fronteras del país. De esta forma, la dinastía Nyiginya se garantiza el dominio de la región, que gobernará hasta 1961. Por lo tanto, al contrario de la mayor parte de países de África, Ruanda es una verdadera nación histórica cuyas fronteras no fueron trazadas por la colonización.

Otra particularidad radica en que su población no se dividió en múltiples comunidades culturalmente diferenciadas. Las dos etnias mayoritarias de Ruanda son los tutsis (que representan aproximadamente al 15 % de la población) y los hutus (que constituyen en torno al 80 %). También existe una minoría twa, pigmeos descendientes de los primeros ocupantes de Ruanda. Todos consideran que pertenecen a una misma nación: hablan la misma lengua, el kinyarwanda, y comparten las mismas creencias.

La sociedad obedece a una lógica feudal: está organizada en castas repartidas en distintos clanes. Existen unos veinte, y cada uno de ellos está formado por ganaderos (sobre todo tutsis), agricultores (la mayoría hutus) y artesanos (mayoritariamente twas). Las personas se identifican con su clan, pero no con su etnia (tutsi, hutu y twa). Aunque el poder lo detentan principalmente las élites tutsis, los jefes de varios clanes son de origen hutu. Como los ganaderos tienen casi todo el poder, este sistema feudal crea una sociedad desigual, aunque profundamente solidaria.

LOS INICIOS DEL COLONIALISMO

Todo esto cambia a finales del siglo XIX con la llegada de los primeros colonizadores. Los alemanes, presentes en Ruanda desde 1897, intentan comprender a una sociedad totalmente distinta a los modelos europeos. Los habitantes del Viejo Continente, muy impresionados por la monarquía tutsi, que cuenta con una distinguida corte, consideran enseguida que esta etnia es la clase dirigente. Además, se dan cuenta de que comparten algunas similitudes físicas con los tutsis, que son altos y esbeltos, tienen una piel relativamente clara y, morfológicamente, se parecen más a los occidentales. Los hutus, por el contrario, son equiparados a los siervos feudales, descritos por los colonizadores como robustos y de piel más oscura. Mediante esta clasificación de la población autóctona, los alemanes introducen una diferencia racial que radicaliza en gran medida el sistema existente en un primer momento.

En mayo de 1916, durante la Primera Guerra Mundial (1914-1918), las tropas belgas vencen a las alemanas en África Central y se hacen con el control de Ruanda. En 1922, la Sociedad de Naciones le confía la administración del país a Bélgica. Entonces, Ruanda es anexionada al Congo Belga sin llegar a perder su autonomía. En 1946, la ONU confirma este papel de tutela.

LA SOCIEDAD DE NACIONES (SDN)

La Sociedad de Naciones, creada en 1920, es una organización internacional encargada de velar por el mantenimiento de la paz en el mundo y, especialmente, en Europa. Después del trauma que supuso la Primera Guerra Mundial, el objetivo principal es evitar que estalle otro conflicto de semejantes dimensiones. No obstante, aunque logra algún éxito, el resultado global de la SDN es un fracaso: resulta ser incapaz de evitar la llegada al poder del nazismo y del fascismo y tampoco consigue impedir el estallido de la Segunda Guerra Mundial (1939-1945). En 1945 será reemplazada por la Organización de las Naciones Unidas (ONU).

La clasificación racial se perpetúa durante el mandato belga. Numerosos antropólogos comparan los cráneos y los huesos de las distintas etnias para que la categorización sea lo más exacta posible. En 1931, la administración hace que sea obligatorio que se indique la etnia de cada ciudadano en su carnet de identidad. Por otra parte, como se considera que los tutsis son más inteligentes y están más capacitados para ejercer labores de gobierno, acceden más fácilmente a las escuelas de misioneros y a los puestos administrativos. Por su parte, los hutus son juzgados inferiores y se les margina deliberadamente. Esta política de las autoridades belgas de apoyar a las jóvenes élites instruidas tutsis en detrimento de los hutus aumenta progresivamente la frustración de estos últimos.

EL TRAUMA DE LA INDEPENDENCIA

Durante los años cincuenta, Ruanda no se libra de los deseos de independencia que surgen por toda África. Sorprendentemente, estas peticiones proceden principalmente de las élites tutsis. Los hutus, por su parte, reivindican sobre todo más derechos para su etnia. En 1957 se publica *El manifiesto Bahutu*, un llamamiento a la revolución social (Chrétien 2014, 44) y que contiene, entre otras, la petición de abolición de los privilegios de la minoría tutsi.

Entre 1959 y 1961, esta revolución es violenta y enseguida se convierte en guerra civil. Cientos de tutsis son asesinados por militantes, y varios miles huyen a los países vecinos. Progresivamente, todos los jefes tutsis son reemplazados por hutus, y la Iglesia misionera y la administración belga apoyan esta transferencia de poder. Según la visión occidental de la Iglesia, la sociedad ruandesa es profundamente desigual; los eclesiásticos creen que, al aceptar la atribución de puestos de importancia a los hutus, se le está dando el poder a la mayoría de la población. La administración de tutela, por su parte, teme que la independencia de Ruanda se contagie al Congo, otro territorio gestionado por Bélgica.

Así, el último rey tutsi, Kigeli V (nacido en 1936), es detenido y expulsado por las autoridades coloniales. Los que lamentan los abusos cometidos contra los tutsis acaban por convencerse de que estos se perpetran en virtud de los valores democráticos: es el precio que hay que pagar por que una población mayoritaria derroque a una minoría feudal.

Ruanda proclama su independencia el 1 de julio de 1962. La recién instaurada república es presidida por Grégoire Kayibanda, un hutu con reivindicaciones radicales. Bajo su régimen, la minoría tutsi se convierte enseguida en un chivo expiatorio, responsable de todos los males del país. Además, intenta bloquear por todos los medios el acceso de los tutsis a escuelas, profesiones administrativas, etc.

En diciembre de 1963, refugiados tutsis tratan de entrar por la fuerza en Ruanda desde Burundi, lo que provoca el estallido de nuevas represalias. Se perpetran asesinatos tanto contra las élites tutsis como contra la gente modesta, y estos toman tales dimensiones que Europa habla de genocidio. Pero esto no impide que, en 1964, el presidente Kayibanda declare que la raza tutsi desaparecerá si más refugiados intentan regresar a Ruanda. En 1972, asistimos a luchas de poder en el seno de las élites hutus. Para mantener la unidad, el presidente Kayibanda intenta unir a sus conciudadanos contra un enemigo común: los tutsis. Los hutus cometen nuevos asesinatos en febrero de 1973, provocando nuevas olas de refugiados. Aprovechando el contexto de inestabilidad general, Juvénal Habyarimana promueve un golpe de Estado en julio de 1973, del que nace la segunda república, más moderada que la primera. Habyarimana insiste en el desarrollo del país y logra así convencer a las potencias occidentales de que ambos están en el mismo bando; sin embargo, en realidad, es un auténtico dictador. Su régimen generaliza la mención de la etnia en el carnet de identidad de cada ciudadano. Además, a partir de ahora, se recoge en una lista el nombre de todos los tutsis y, tras el establecimiento de cuotas relativas a su peso demográfico en la sociedad, solo pueden ocupar el 9 % de las plazas en escuelas y en trabajos administrativos.

Para los cientos de miles de tutsis exiliados, el régimen Habyarimana elimina toda esperanza de regresar al país. Entonces se organizan en un movimiento político y militar, el Frente Patriótico Ruandés (FPR), cuyas bases de operaciones principales se encuentran en Uganda.

LA GUERRA CIVIL DE LOS AÑOS 1990-1993

En los albores del genocidio, Ruanda sufre una gran superpoblación debido a una tasa de fecundidad especialmente elevada, con una media de casi ocho hijos por mujer. La población ruandesa se ha cuadriplicado en cincuenta años y ahora cuenta con unos ocho millones de personas. Las consecuencias son catastróficas para el país: crisis de la agricultura, destrucción del medioambiente, difícil acceso al agua, hambrunas, etc. Aunque algunos investigadores cuestionan que la superpoblación sea un verdadero motivo del genocidio, este problema no hace más que agravar una situación general compleja y supone un importante auge de corrientes extremistas hutus. Es en este contexto en que el FPR pasa a la ofensiva el 1 de octubre de 1990 a través de su brazo armado, la Armada Patriótica Ruandesa (APR). Ese día, miles de tutsis —la mayoría descendientes de refugiados que huyeron del país entre 1959 y 1973— invaden el norte de Ruanda.

Dado que el presidente Habyarimana es su mejor aliado en la región, Francia no ve con buenos ojos las reivindicaciones de esta organización, que en la época es prácticamente desconocida. Por ello, las tropas francesas apoyan a las Fuerzas Armadas Ruandesas (FAR) para expulsar a la APR de su territorio. Aunque la guerra convencional termina el 30 de octubre, el FPR sigue dirigiendo múltiples guerrillas. Utilizando esta invasión como pretexto, el régimen de Habyarimana lanza amplias operaciones de erradicación de la oposición hutu al tiempo que lleva a cabo un gran número de represalias contra las poblaciones tutsis. Pero el radicalismo mostrado por Habyarimana es rápidamente criticado por Francia y, en el seno de Ruanda, por unos movimientos contestatarios que no paran de crecer. Ante estas presiones, el presidente se ve obligado a aceptar el multipartidismo en 1991. Entonces surgen dos bandos que quieren hacerse con el control de Ruanda: la oposición hutu se federa para pedir reformas y derrocar a Habyarimana, mientras que el Gobierno intenta mantener sus privilegios concentrando a las corrientes extremistas hutus y formando milicias. Estas últimas desempeñarán un papel fundamental en el genocidio de 1994.

En 1992, tras firmar un alto al fuego con la APR, las negociaciones desembocan en los Acuerdos de Arusha de 1993. A partir de entonces, el presidente Habyarimana, bajo la presión internacional, se ve obligado a compartir el poder con el FPR. La ONU envía un contingente de 2500 hombres en el marco de la Misión de Asistencia de las Naciones Unidas a Ruanda (UNAMIR, por sus siglas en inglés) para velar por el respeto de estos acuerdos. Las corrientes extremistas hutus, unidas bajo el movimiento Hutu Power, no perdonarán al Gobierno de Habyarimana algo que consideran como una traición.

PRINCIPALES PROTAGONISTAS

En un proceso de masas tan complejo como el genocidio ruandés, resulta muy difícil limitarse a algunas figuras relevantes. Nos contentaremos con hablar sobre tres personajes que desempeñaron un papel determinante en este suceso.

GRÉGOIRE KAYIBANDA, PRESIDENTE DE LA REPÚBLICA DE RUANDA

Grégoire Kayibanda nace en 1924 en el seno de una familia hutu en Tare, en el sur de Ruanda. Tras finalizar sus estudios secundarios, acude al Gran Seminario de Nyakibanda, la única escuela superior del país en la época. En 1948, renuncia al sacerdocio en favor de la enseñanza.

En 1950, después de casarse, Kayibanda redacta artículos que publica en distintas revistas y periódicos. En ellos reivindica, con palabras moderadas, una reforma social y política. En efecto, lo que este profesor desea es que el poder deje de estar monopolizado por la monarquía tutsi y por la administración de tutela belga. En especial, reclama el derecho de reunión en asociaciones o cooperativas, algo prohibido hasta ese momento.

En 1959 se funda el Parmehutu (Partido del Movimiento de Emancipación Hutu), un partido político que defiende a las poblaciones explotadas en Ruanda, tanto a los hutus como a los twas o a los tutsis desfavorecidos. Grégoire Kayibanda se convierte en uno de sus líderes.

Cuando se acerca la independencia, estallan violentos conflictos entre el Parmehutu y los tutsis fieles a la monarquía, y Kayibanda escapa a una ola de asesinatos. En este contexto, el Gobierno belga satisface la mayor parte de las reivindicaciones del Parmehutu. Después de las elecciones legislativas, se desarticula la monarquía tutsi, y un Gobierno provisional, en el que Kayibanda es nombrado primer ministro, decide que se constituya una república.

La nueva Constitución le concede mucho poder al presidente. Este cargo lo ocupa Grégoire Kayibanda desde 1961, siendo reelegido en 1965 y en 1969. Su presidencia, marcada por numerosos conflictos étnicos, es vivamente criticada por favorecer a los hutus del sur en detrimento de los del norte. En Burundi, una junta militar tutsi persigue a los hutus, lo que lleva a Grégoire Kayibanda a radicalizar su discurso ante la minoría de su propio país. Intenta reconciliar a los hutus uniéndolos frente a un enemigo común, los tutsis, lo que genera múltiples persecuciones. Sienta las bases de un régimen político racista que culminará después de su muerte con el genocidio de los tutsis en 1994.

En julio de 1973, su ministro de Defensa, Juvénal Habyarimana, instiga un golpe de Estado. El presidente Grégoire Kayibanda es derrocado y encarcelado. En 1974 es condenado a muerte, pero el nuevo presidente conmuta su pena por la cadena perpetua. Fallece en diciembre de 1976, mientras cumple su arresto domiciliario.

JUVÉNAL HABYARIMANA, HOMBRE DE ESTADO RUANDÉS

Juvénal Habyarimana visita la base militar de Maryland, en Estados Unidos, en 1980.

Juvénal Habyarimana nace en 1937 en la región del noroeste de Ruanda. Estudia en el Congo Belga: primero Ciencias Humanas, después Matemáticas, y finalmente, Medicina. Se casa con Agathe Kanziga (nacida en 1942), cuya familia le aporta un considerable apoyo, tanto financiero como moral. Cuando concluye sus estudios entra a formar parte de la guardia nacional en 1960. Desempeña un importante papel durante los primeros años de independencia del país, e incluso se convierte en el primer no belga que accede al puesto de jefe del Estado Mayor en Ruanda.

Durante la presidencia de Grégoire Kayibanda (1962-1973),

Juvénal Habyarimana ocupa el puesto de ministro de Defensa. Aunque parece que los dos hombres fuertes del país se respetan, el presidente y su ministro no sienten la menor simpatía el uno por el otro. En efecto, los hutus del sur del país —a los que pertenece Kayibanda— están en rivalidad perpetua con los hutus del norte, a los que pertenece Habyarimana.

A principios de los años setenta, el contexto político de Ruanda es turbulento. El presidente Kayibanda tiene cada vez más detractores, a pesar de sus intentos de unir a la población hutu a través del odio hacia el enemigo tutsi. Aprovechando este contexto, Juvénal Habyarimana da un golpe de Estado y se hace con el poder el 5 de julio de 1973. En un primer momento, Habyarimana recibe el apoyo de la élite tutsi.

No obstante, bajo la apariencia de un régimen moderado modela una verdadera dictadura. En 1975, crea su propio partido político, el único autorizado en el país: el Movimiento Revolucionario Nacional para el Desarrollo (MRND). Siguiendo su programa, instaura cuotas étnicas en las escuelas y en la administración que determinan que el número de tutsis no puede superar el 9 %, algo que favorece en gran medida a los hutus. El presidente ruandés anima incluso a sus vecinos hutus de Burundi a hacerse con el poder. Pero aunque el régimen de Habyarimana solo puede denominarse dictadura, la prosperidad y la estabilidad de Ruanda durante este período incitan a las potencias occidentales a querer tenerle de su parte. Habyarimana, apodado el Invencible, se mantiene en el poder durante veinte años.

El 6 de abril de 1994, Juvénal Habyarimana vuelve de una cumbre sobre las crisis en Ruanda y Burundi cuando es asesinado por un misil tierra-aire que alcanza su avión cerca del aeropuerto de Kigali.

PAUL KAGAME, HOMBRE DE ESTADO RUANDÉS

Paul Kagame acompañado de Michelle y Barack Obama.

Paul Kagame nace en el seno de una familia tutsi de sangre real del sur de Ruanda. En 1961, cuando solo tiene cuatro años, él y su familia deben abandonar el país debido a las persecuciones que tienen lugar ese año, y encuentran refugio en Uganda.

En 1979, cuando tiene veintidós años, Paul Kagame se une al levantamiento del país, que intenta derrocar al Gobierno ugandés. Este movimiento de resistencia cuenta con el apoyo de Estados Unidos y comprende un gran número de refugiados ruandeses. En 1986, el líder de la rebelión, Yoweri Museveni (nacido en 1944) organiza un golpe de Estado y se hace con el poder en Uganda. En señal de agradecimiento hacia sus aliados ruandeses, les ofrece puestos de responsabilidad en su nuevo Gobierno. De esta manera, Paul Kagame se convierte en comandante en el ejército ugandés y en jefe de los servicios de información.

En 1990, se pone a la cabeza del Frente Patriótico Ruandés (FPR), que alterna victorias y derrotas contra las Fuerzas Armadas Ruandesas (FAR) antes de negociar los Acuerdos de Arusha en 1993 bajo la presión de la ONU. A partir de ese momento, colabora con el Estado ruandés para autorizar el regreso al país de los exiliados tutsis y su integración en la esfera del poder. Tras el asesinato de Juvénal Habyarimana en 1994, Paul Kagame dirige a las tropas del FPR en el ataque contra Ruanda. A pesar de su inferioridad numérica, las fuerzas de la Armada Patriótica Ruandesa ganan a las Fuerzas Armadas Ruandesas. Sin embargo, aunque las tropas de Paul Kagame ponen fin al genocidio, lo cierto es que son responsables de asesinatos perpetrados contra poblaciones hutus y tutsis y avalados por el propio Kagame, que ve en ellos la ocasión de instaurar un clima de inseguridad para derrocar al Gobierno lo más rápido posible.

Tras la victoria militar de la APR, el 19 de julio de 1994 Paul

Kagame se convierte en vicepresidente de la república y ministro de Defensa. Se le confía la presidencia a Pasteur Bizimungu (nacido en 1950), un hutu moderado. La unión de ambos hombres simboliza una reconciliación entre las dos etnias. Aunque Kagame no es presidente ni primer ministro, todo el mundo sabe que él es el verdadero líder del país, puesto que es quien organiza la reconstrucción de su patria y lucha activamente contra la corrupción.

Cuando dimite su predecesor, Paul Kagame es elegido presidente de la República de Ruanda en el año 2000. Después de unas elecciones por sufragio universal, es reelegido presidente en 2003 y en 2010.

Muchos Gobiernos occidentales le atribuyen a Paul Kagame el mérito de haber enderezado una región devastada, tanto política como económicamente. Pero sus contrincantes, entre los que se encuentran varias ONG, critican un régimen de terror listo para cometer todo tipo de abusos para mantener en el poder a una minoría tutsi. Así, en Ruanda, la prensa es silenciada y los oponentes políticos siguen siendo asesinados.

EL GENOCIDIO DE LOS TUTSIS

EL ASESINATO QUE PROVOCA EL GENOCIDIO

El 6 de abril de 1994, a primera hora de la tarde, el avión presidencial comienza a descender en dirección al aeropuerto de Kigali, la capital de Ruanda. A bordo se encuentran el presidente ruandés Habyarimana, su homólogo burundés Cyprien Ntaryamira (1955-1994), el general del ejército ruandés y tres franceses que constituyen la tripulación. Todos vuelven de una cumbre en Tanzania destinada a resolver las crisis políticas que afectan a Ruanda y a Burundi. Pero el avión nunca llega al aeropuerto: un misil tierra-aire lo alcanza en pleno vuelo y el aparato explota y se estrella contra la residencia presidencial. No hay ningún superviviente.

Los autores del atentado nunca serán identificados con seguridad. La oposición democrática, formada por hutus moderados, parece no estar involucrada ya que no cuenta con misiles tierra-aire. También es poco probable la implicación del FPR, ya que Habyarimana ha aceptado un reparto del poder. Por su parte, los extremistas hutus —algunos de los cuales forman parte de las FAR—, consideran los Acuerdos de Arusha como una traición, pero respetan a su presidente. Sin embargo, la hipótesis que apunta a la autoría de estos es la más plausible, ya que el misil tierra-aire se habría lanzado desde una base militar ruandesa. En cualquiera de los casos, el autor del crimen desencadena un genocidio.

A primera vista, el genocidio de los tutsis podría pasar por un movimiento de ira popular espontáneo como reacción al asesinato del presidente. Sin embargo, no es así: los asesinatos metódicos y sistemáticos implican una logística planificada con antelación.

Solo unas horas después del asesinato de Juvénal Habyarimana tienen lugar en la capital una serie de asesinatos perfectamente planeados. Las milicias hutus recorren las calles lista en mano buscando a todos los miembros de la oposición. Todos los que se hayan opuesto al poder en algún momento son ejecutados, ya sean ministros, miembros de asociaciones de defensa de los derechos humanos, periodistas, etc. La guardia presidencial también acaba con la vida de la primera ministra, Agathe Uwilingiyimana (1953-1994), y esto a pesar de la protección de diez cascos azules belgas, que son desarmados, llevados a la base militar de Kigali, torturados y asesinados. Bélgica, conmocionada por el suceso, decide retirar su contingente de hombres de la UNAMIR. La ONU, que ve su fuerza de intervención reducida a menos de 300 hombres, ya no está capacitada para intervenir directamente en el terreno.

El asesinato de tantas figuras políticas deja un vacío institucional. El 7 de abril, una junta militar se autoproclama comité de crisis y eleva a Jean Kambanda (nacido en 1955) al puesto de primer ministro. Este último cuenta con el apoyo de Akazu, la poderosa organización de tendencia extremista formada en gran parte por la familia política de Habyarimana, que dirige en secreto el país. Jean Kambanda forma entonces su Gobierno, constituido por diecinueve miembros, todos ellos pertenecientes al movimiento Hutu Power, los extremistas más radicales. A partir de ese momento, el Gobierno tiene vía libre para aplicar su plan de purga racial.

EL PAPEL DE LOS MEDIOS DE COMUNICACIÓN

La prensa y la radio desempeñan un papel determinante en el genocidio ruandés. A partir de 1990, el periódico *Kangura* («Despiértalos») hace un llamamiento a favor del regreso de la revolución social, evocando la idea del expresidente Kayibanda: arreglar el problema tutsi a golpe de machete. Unos meses más tarde, este mismo periódico publica «Los diez mandamientos bahutu», una llamada al odio contra los tutsis y una amenaza contra los hutus moderados.

En 1993, los extremistas hutus cuentan con su propia radio, la Radio Televisión Libre de las Mil Colinas (RTLM). En reacción a la ineficacia de la protección de los cascos azules durante el asesinato de la primera ministra, RTLM llega a afirmar que Bélgica tiene su parte de responsabilidad en el asesinato y clama venganza. Su influencia es tal que Radio Ruanda, la radio nacional, copia su discurso de odio racial para no perder demasiados oyentes. Durante el tiempo que dura el genocidio, las emisiones radiofónicas animan a los genocidas y les informan acerca del emplazamiento de los tutsis que siguen vivos.

RESOLVER EL PROBLEMA TUTSI A GOLPE DE MACHETE

Aunque durante las horas subsiguientes a la muerte del presidente Habyarimana ya tienen lugar algunas represalias contra los tutsis, el verdadero genocidio comienza cuando la oposición hutu es eliminada por completo. Esta vez no hace falta ninguna lista: el plan es que todos los tutsis, sin excepción, desaparezcan.

En Kigali, la capital del país, los asesinatos toman unas dimensiones indescriptibles. A partir del 7 de abril, observadores de la UNAMIR asisten impotentes al asesinato de cientos de hombres, mujeres y niños. En la capital, solo resisten 600 soldados de la Armada Patriótica Ruandesa, aislados en Kigali desde la firma de los Acuerdos de Arusha. Se atrincheran en la colina principal de la ciudad, en el antiguo Parlamento, y se enfrentan violentamente contra la guardia presidencial. En lugar de impedir el inicio del genocidio, Francia y Bélgica envían tropas para evacuar a sus ciudadanos y cerrar las embajadas.

Las administraciones locales se dedican a cometer asesinatos de forma rigurosa por todo el país. En todas las prefecturas se queman las casas de los tutsis, se persigue a la comunidad y se roba su ganado. Los supervivientes se reúnen en espacios públicos: iglesias, escuelas, hospitales, centros deportivos, etc. Bajo la supuesta protección de la policía, se priva a los refugiados de comida y de agua para debilitarlos. Después, en una fecha determinada por las autoridades locales, comienza el exterminio. En un primer momento, el ejército y la policía utilizan granadas y armas de fuego; después, dejan que las milicias y los civiles acaben el trabajo con armas blancas. Aunque a menudo se asocia la imagen del machete al genocidio ruandés, en realidad las poblaciones hutus utilizan todo lo que encuentran: armas de caza, herramientas agrícolas o contundentes armas improvisadas.

Fotografía de una iglesia en la que fueron asesinadas 5000 personas.

Las inmensas masacres que tienen lugar en la prefectura de Kibuye, al oeste de Ruanda, siguen este minucioso esquema. Las víctimas creen que han encontrado refugio en edificios religiosos y en un estadio, pero en realidad se han entregado a sus verdugos. Entre el 15 y el 18 de abril de 1994 mueren decenas de miles de tutsis acorralados en lugares cerrados. Otros se refugian en las cadenas montañosas de la prefectura de Kibuye, donde resisten durante un tiempo a las milicias.

La región de Butare, en el sur de Ruanda, se libra por un tiempo del genocidio. El único prefecto tutsi del país hace todo lo posible por luchar contra las persecuciones, una situación intolerable para los extremistas hutus. El 19 de abril, la guardia presidencial invade la ciudad, destituye al prefecto y comienza a matar sistemáticamente a los tutsis. El presidente Théodore Sindikubwabo (1928-1998) acude para animar a los genocidas en persona. El profesorado de Butare, una ciudad universitaria, es erradicado casi en su totalidad. El hospital de la universidad tampoco se libra: se separa a los pacientes entre hutus y tutsis y se asesina a estos últimos.

La destrucción de los tutsis no solo es física, sino también moral. Por eso se utiliza la violación como arma de guerra: la propaganda extremista describe a las mujeres tutsis como prostitutas al servicio del Frente Patriótico Ruandés. El periódico *Kangura* incluso las acusa de haber pervertido al Estado Mayor de la UNAMIR. Como consecuencia, las autoridades animan a recurrir a la violación para degradar a las mujeres tutsis antes de asesinarlas, pero también para transmitirle el virus del sida a las supervivientes. La ministra de Familia y Desarrollo de la Mujer, Pauline Nyiramasuhuko (nacida en 1946) acude en persona sobre el terreno para apoyar a los milicianos hutus en esta tarea. En tres meses se cometen más de 200 000 violaciones.

TU VECINO, TU ASESINO

La participación de la sociedad civil en estos asesinatos es el elemento más perturbador de este acontecimiento. Más de la mitad de las víctimas son asesinadas por personas cercanas: vecinos, familiares, médicos, sacerdotes o profesores.

Los tutsis se consideran progresivamente animales, bestias que hay que aniquilar. Por eso son perseguidos como si de una cacería se tratase, y se acaba con sus vidas con una crueldad extrema. Sus cadáveres se tratan como simple basura de la que sus verdugos se deshacen en vertederos o en letrinas. El proceso del genocidio se deshumaniza totalmente para que la población hutu lo acepte y lo apoye. El salvajismo de los asesinatos le permite a la gente diferenciarse del otro, de esa «cosa» que hay que aniquilar.

Estos inhumanos asesinatos empiezan a formar parte de lo cotidiano. Tradicionalmente, en Ruanda se organizan días de trabajo colectivo (*umunga*), en los que la población participa en la consecución de una tarea útil para la comunidad en un ambiente alegre y en el que reina el buen humor. Al final de la jornada, los trabajadores comparten la cerveza como señal de fraternidad. Sin embargo, durante el genocidio, el *umunga* se transforma en una masacre de la población tutsi en la que se asesina en familia: de hecho, más de 5000 niños serán condenados por haber participado en el genocidio. Los asesinos se valen de su conocimiento del terreno y juegan con las costumbres o con la confianza que sus vecinos tutsis depositan en ellos. Muchas víctimas también le confían sus hijos a hutus cercanos con la esperanza de que los escondan y los protejan. Sin embargo, estos vecinos de confianza casi siempre se apresuran a entregarle sus protegidos a las milicias.

Aunque hoy en día se calcula que hay más de 800 000 genocidas comprobados, no todos los hutus se suman al movimiento. Algunos se niegan a participar en las masacres, y otros esconden como pueden a las víctimas de las persecuciones. Al hacerlo, los refractarios se exponen a represalias: en el mejor de los casos son condenados a pagar la cerveza después de un día de exterminio, o incorporados a la fuerza a las milicias; en el peor de los casos, son asesinados junto con su familia y sus protegidos tutsis.

El trabajo de los civiles hutus, sumado a la minucia de una administración genocida, resultan eficaces. La mayor parte de las víctimas son asesinadas durante las tres semanas que suceden al asesinato de Habyarimana. En tres meses, el genocidio suma más de 800 000 víctimas, tanto tutsis como hutus moderados. Los cálculos actuales se acercan incluso al millón de muertos. Durante este periodo, tres cuartas partes de la población tutsi de Ruanda son asesinadas.

LA RECONQUISTA TUTSI

El genocidio acaba tres meses más tarde, pero no gracias a la intervención de la comunidad internacional. Desde el comienzo de los asesinatos, el Frente Patriótico Ruandés moviliza a cinco mil hombres de su brazo armado, la Armada Patriótica Ruandesa, que son enviados a la capital ruandesa desde las regiones que controlan, situadas en el norte. Aunque a veces la conquista del país se lleva a cabo con una extrema violencia —también contra los civiles—, la APR para el genocidio a medida que avanza.

Las fuerzas del FPR, sin embargo, son numéricamente muy inferiores. Aunque después de la ofensiva tutsi de 1990 se refuerzan las Fuerzas Armadas Ruandesas, el ejército oficial, y los efectivos pasan de 8000 a 45 000 hombres, controlados y apoyados durante un tiempo por el ejército francés, el reclutamiento de decenas de miles de jóvenes se hace con demasiada rapidez: se envían al frente tras solo unas pocas semanas de entrenamiento, por lo que el ejército ruandés se encuentra con graves problemas de disciplina, de insubordinación, de deserción y de suministro de municiones.

Frente a ellos, las tropas de la Armada Patriótica Ruandesa son muy disciplinadas y están muy motivadas para reconquistar Ruanda. Persiguen objetivos estratégicos, y prefieren concentrarse en objetivos prioritarios más que dispersarse en múltiples ofensivas. Aunque los milicianos extremistas siguen adelante con el genocidio, imperturbables y sedientos de cerveza y de sangre, no ocurre lo mismo con el ejército regular. Desmoralizadas, las Fuerzas Armadas Ruandesas retroceden en todos los frentes, especialmente porque el Gobierno prefiere movilizar a todas sus fuerzas vivas para acabar con los tutsis y no para parar a las tropas enemigas. Tanto es así que, el 23 de mayo, la Armada Patriótica Ruandesa toma el único aeropuerto del país, el de Kigali. A continuación, sigue su ofensiva hacia Gitamara, al suroeste, donde se ha refugiado el Gobierno de Kambanda. A medida que avanza, la armada provoca la huida de cientos de miles de hutus que temen represalias. Durante este mes de mayo, la ONU decide enviar 5500 hombres para proteger a los tutsis. Pero los países occidentales tardan en movilizarse porque el fracaso somalí sigue grabado en la memoria de todos.

LA GUERRA CIVIL SOMALÍ

Desde 1991, Somalia es presa del enfrentamiento de múltiples facciones que luchan por el poder. La ONU interviene militarmente en 1992, primero para escoltar misiones humanitarias y luego de forma más ofensiva, con 30 000 soldados. Este caso de injerencia de la ONU en la política de un país es una primicia histórica. Aunque en un primer momento las facciones rivales se muestran discretas, al final acaban uniéndose contra estas tropas, en su mayor parte estadounidenses, consideradas como invasoras. Incapaces de enfrentarse a las operaciones de guerrilla, las fuerzas de la ONU negocian unos acuerdos en 1993 antes de replegarse progresivamente hasta 1995. Cuando estalla el genocidio ruandés, observadores occidentales hallan similitudes con la guerra civil somalí.

Cuando la ciudad de Gitarama cae el 13 de junio y la APR multiplica sus operaciones, Francia decide lanzar una intervención muy controvertida, la Operación Turquesa. El ministro francés de Asuntos Exteriores, Alain Juppé (nacido en 1945) habla de una misión para «acabar con la masacre» y «proteger a las poblaciones amenazadas de exterminio»[1] (Lugan 1997, 510). Pero el Frente Patriótico Ruandés acoge con mucha frialdad esta intervención extranjera, que empieza exactamente en el mismo momento en que termina el genocidio y en el que con seguridad la APR saldrá victoriosa del conflicto.

Los tutsis temen que los franceses, antiguos aliados de Habyarimana, vengan para apoyar a las Fuerzas Armadas Ruandesas, un temor que en parte resulta lógico. Es cierto que la Operación Turquesa impide algunos asesinatos aislados de tutsis, pero lo más importante es que crea una zona humanitaria segura en el suroeste de Ruanda, que se convierte en un refugio para todos los genocidas a la fuga.

El 17 de julio es la fecha en que habitualmente se dice que termina el genocidio. En ese momento, el FPR controla la mayor parte del país y establece nuevas instituciones. Inmediatamente después, Pasteur Bizimungu, un hutu del norte y hábil negociador durante los Acuerdos de Arusha, se convierte en presidente de Ruanda. Dos días más tarde presta juramento el primer ministro, Faustin Twagiramungu, un hutu del sur que siempre se ha opuesto con firmeza a la tendencia extremista del Hutu Power. Paul Kagame, líder tutsi del FPR, se convierte en vicepresidente y ministro de Defensa. Aunque oficialmente es el tercer hombre del país, Kagame se convierte en la práctica en la figura dominante de Ruanda. La tarea del nuevo Gobierno es colosal: estabilizar y reconstruir un país devastado, aún presa de las tensiones

---

1. Citas traducidas por 50Minutos.es

entre ambas etnias.

REPERCUSIONES

LA PRIMERA GUERRA DEL CONGO

En julio de 1994, Francia se da cuenta de que su zona humanitaria también alberga a muchos genocidas, que evitan así ser juzgados. Para salir de esta delicada situación, le confía los refugiados a la ONU, que lanza la UNAMIR II. Así, la Operación Turquesa termina el 21 de agosto. Sin embargo, la mayoría de los refugiados que temen las represalias tutsis tienen tiempo para pasar la frontera de Zaire (la actual República Democrática del Congo), cuyo presidente, Jean-Désiré Mobutu (1930-1997), es un ferviente defensor de los hutus. De esta forma, cerca del lago Kivu, se crea un «hutuland» dirigido por antiguos responsables del genocidio.

Campo de refugiados ruandeses en el este de Zaire.

Las misiones humanitarias desplegadas por la ONU acuden en ayuda de estas poblaciones exiliadas, que cuentan con aproximadamente un millón de hutus. Muchos de ellos son tomados como rehenes por las milicias y las Fuerzas Armadas Ruandesas, que dirigen estos campos con mano de hierro. Parte de la ayuda internacional se desvía para financiar las armas de los antiguos genocidas. Los campos de refugiados sirven de esta forma de bases hutus para sembrar el terror entre los tutsis de la región —tanto en Zaire como en Burundi y en el oeste de Ruanda—. En 1996, las milicias y las FAR llegan incluso a prepararse para reconquistar Kigali.

Para acabar de raíz con estas amenazas, a partir de noviembre de 1996 Ruanda y Uganda animan a las poblaciones locales a resistir. Los rebeldes tutsis de Zaire logran varias victorias decisivas, tanto que se atreven a desmantelar los campos de refugiados de Kivu del Norte. Los tutsis cometen muchos abusos contra los hutus, y el saqueo le permite al FPR llenar sus arcas para la reconstrucción de Ruanda. Aunque la primera guerra del Congo termina en mayo de 1997, la región sigue desde entonces sumida en una gran inestabilidad.

LA JUSTICIA COMUNITARIA

Un crimen en masa de tal envergadura precisa de jurisdicciones excepcionales. El 8 de noviembre de 1994, se establece en Arusha (Tanzania) un Tribunal Penal Internacional para Ruanda (TPIR), cuyo objetivo es juzgar a los principales responsables del genocidio. El Consejo de Seguridad de la ONU pronuncia en él unas cincuenta condenas, tanto de políticos como de militares, sacerdotes o responsables de prensa. Entre ellos, una decena es condenada a la cadena perpetua, mientras que el resto deberá cumplir penas que oscilan entre los 6 y 45 años de cárcel.

Dado que el genocidio se considera un crimen universal, puede juzgarse en todos los países. Por ello, tienen lugar procesos contra genocidas en Bélgica, en Canadá y en Francia, aunque el TPIR no los solicita. Así pues, se persigue a los genocidas por todo el mundo.

Asimismo, Ruanda reconstruye sus propias estructuras judiciales nacionales para juzgar por sí misma a determinados acusados. El trabajo es inmenso, ya que el 90 % de los magistrados y de los abogados o bien están muertos, o bien han huido. Cuando se reestablecen estos tribunales, su imparcialidad hace que se ganen el respeto a nivel internacional. Tanto es así que la mayor parte de los países extranjeros prefieren extraditar a los genocidas refugiados en sus territorios para que sean juzgados en su propio país.

En último lugar, cabe destacar que las jurisdicciones más originales son sin duda las *gacaca*, tribunales locales para juicios locales. Aparecen miles de *gacaca* por todos los rincones de Ruanda, en todas las comunidades, y en ellos los asesinos hutus son juzgados por sus propios vecinos. La mayor parte de las condenas son penas alternativas a la prisión, compensaciones, indemnizaciones o trabajos comunitarios, para no paralizar el país debido a una excesiva densidad de población reclusa. A pesar de ello, Ruanda, con más de 120 000 prisioneros a las puertas del año 2000, ostenta el récord mundial de población carcelaria más elevada.

EL DIFÍCIL DEBER DE LA MEMORIA

En julio de 1994, el Gobierno posgenocida lanza un programa de reconstrucción de Ruanda. Las consignas son reconciliación nacional, justicia y democracia. No obstante, en un país en el que las víctimas deben vivir de nuevo con sus torturadores, la tarea se revela complicada. Eso sin tener en cuenta que los exiliados hutus se han llevado con ellos todo el material necesario para el buen funcionamiento del sistema público. Sin embargo, se adoptan varias medidas importantes para evitar que se vuelva a producir un acontecimiento tal, como la supresión de la mención de las etnias en los carnets de identidad o la prohibición de toda referencia a estas en la esfera pública.

Las autoridades ruandesas llevan a cabo un importante deber de memoria, sobre todo para enfrentarse a los negacionistas, que desmienten enseguida la existencia de un genocidio. A partir de 1995, el 7 de abril se convierte en un día festivo dedicado a la conmemoración del inicio de la masacre de los tutsis y se decreta el duelo nacional. Desde entonces, cada año tienen lugar durante una semana conmemoraciones marcadas por discursos oficiales, procesiones, programas de televisión y celebraciones locales cargadas de emociones. Además, algunas ciudades y varias comunidades desarrollan sus propias celebraciones. En Butare, los homenajes tienen lugar el 19 de abril, la fecha en que comenzaron los asesinatos en la ciudad.

Asimismo, aparecen cientos de memoriales por todo el país. Uno de ellos rinde homenaje a los 65 000 tutsis que se sublevaron contra las milicias en las cordilleras de la prefectura de Kibuye (al oeste de Ruanda). En la iglesia de Ntarama, al sur de Kigali, se exponen multitud de osamentas de víctimas, que todavía dejan ver la violencia de los golpes sufridos. En Murambi, donde decenas de miles de tutsis fueron asesinados en una escuela técnica, se exponen hoy cientos de cadáveres conservados con cal.

Fotografía tomada en el memorial Karongi-Kibuye.

En 2004 se inauguró un museo memorial en Gisozi, una colina de Kigali, para conmemorar los diez años del drama mediante el establecimiento de vínculos de semejanza con los genocidios judío y armenio. Cabe destacar que este museo insiste en la importancia de no estigmatizar a toda la etnia hutu, y le dedica una sala a los que arriesgaron su vida para salvar a los tutsis.

Ruanda tampoco olvida el abandono que sufrió durante el genocidio por parte de la comunidad internacional. La ONU es en parte responsable del drama: los análisis del Consejo de Seguridad subestimaron la gravedad de la situación, a pesar de las múltiples señales de alarma. Por su parte, el Gobierno belga es responsable de haber retirado a todo su contingente de la UNAMIR en el momento más crucial, algo que hundió completamente la misión de las Naciones Unidas. Sin embargo, Boutros Boutros-Ghali (1922-2016), el secretario general de la ONU, afirma después que 400 comandos de paracaidistas habrían sido suficientes para impedir el genocidio. En último lugar, Ruanda tampoco olvida el ambiguo papel desempeñado por el Gobierno francés durante la Operación Turquesa. De hecho, en un discurso pronunciado en 2007, a Paul Kagame no le tiembla la voz al calificar a Francia de cómplice de genocidio.

Más de veinte años después y a pesar de la política de reconciliación que las autoridades han querido instaurar, las consecuencias del genocidio siguen siendo palpables. Los supervivientes no han olvidado las masacres, las heridas físicas y morales ni la pérdida de sus allegados. Eso sin contar que la tensión entre hutus y tutsis en los países vecinos, que sigue estando muy viva, recuerda la dificultad de esta cohabitación interétnica.

EN RESUMEN

1931
La Administración obliga a que se mencione
la etnia en los carnets de identidad

1957
Publicación de *El manifiesto Bahutu*

1959-1961
El llamamiento a la revolución social de
El manifiesto se convierte en guerra civil

1962
1 jul.: **Ruanda proclama su independencia;
el hutu Grégoire Kayibanda se convierte
en presidente**

1963
Dic.: refugiados tutsis intentan entrar en Ruanda;
la represión es muy dura

1973
Feb.: los hutus cometen nuevos asesinatos
contra tutsis
Jul.: Juvénal Habyarimana se hace con
el poder

1987-1988
Creación del Frente Patriótico Ruandés

1990
1 oct.: la Armada Patriótica Ruandesa invade
el norte de Ruanda

1993
Acuerdos de Arusha

1994
6 abr.: **Juvénal Habyarimana es asesinado;
comienza el genocidio**
Los extremistas hutus toman el poder y
comienzan a erradicar a la etnia tutsi
17 jul.: **fin del genocidio**

- Al principio, en Ruanda, un poderoso reino de África
Central durante varios siglos, no existen tensiones entre
las dos principales etnias del país, los hutus y los tutsis.
Pero todo eso cambia con la llegada de los europeos, que

clasifican a la población del país en «razas». El país, colonizado por los alemanes a finales del siglo XIX, se coloca bajo tutela belga tras la Primera Guerra Mundial.

- Las autoridades coloniales favorecen a los tutsis, ya que consideran que están más capacitados para ejercer labores de dirección. Por ello, tienen ventajas a la hora de inscribirse en el colegio o trabajar en la administración pública. Ante esta injusticia, crece en los hutus un espíritu vengativo, y aparecen las primeras reivindicaciones sociales.

- Los tutsis sufren numerosas persecuciones entre 1959 y 1961.

- En 1962, Ruanda obtiene su independencia y los hutus se alzan con el poder. Se siguen cometiendo asesinatos contra los tutsis en 1963 y después en 1973, lo que comporta el exilio de la población hacia los países vecinos. Los exiliados se organizan en un movimiento político y militar, el Frente Patriótico Ruandés, cuyo objetivo es retomar el control del país.

- Las tensiones se transforman en guerra civil a principios de los años noventa. El 6 de abril de 1994, el asesinato del presidente hutu Habyarimana desencadena el genocidio. Los cascos azules de la ONU están en el terreno, pero se retiran del país después del asesinato de diez paracaidistas militares belgas. Entonces, el país se pone en manos de un Gobierno genocida.

- Las minuciosas persecuciones, previamente planificadas por extremistas hutus, no le dan ninguna oportunidad a las víctimas. El ejército, la policía, las milicias e incluso los civiles: todos persiguen a los tutsis del país. Se concentra a las víctimas en lugares públicos —en los que se agolpan decenas de miles de personas— antes de asesinarlas. Aunque han vivido mucho tiempo en armonía, los vecinos hutus se convierten en un peligro potencial para los tutsis.

- El FPR logra retomar el control del país en tres meses, ya que el Gobierno ruandés se interesa más en el genocidio que en el avance del ejército tutsi. Así, acaba con la masacre en todas las regiones que controla.

- El resultado del genocidio es terrible: se lamentan más de 800 000 víctimas, tanto tutsis como hutus moderados. Se acaba con la vida de tres cuartas partes de la población tutsi.

- Ruanda lleva más de veinte años trabajando en su reconstrucción, y los hutus involucrados en el genocidio y sus víctimas tutsis se esfuerzan por volver a cohabitar en paz. Se recuerda el genocidio a través de numerosos memoriales y ceremonias. Pero Ruanda no olvida el abandono de la comunidad internacional y, desde 1994, se pone en entredicho la capacidad de intervención de la ONU en este tipo de operaciones.

¡Tu opinión nos interesa!
¡Deja un comentario en la página web de tu librería en línea,
y comparte tus favoritos en las redes sociales!

PARA IR MÁS ALLÁ

FUENTES BIBLIOGRÁFICAS

- Braeckman, Colette. 1994. *Rwanda: histoire d'un génocide*. París: Fayard.
- Chrétien, Jean-Pierre, Hélène Dumas, Pierre Brana y Frédéric Encel. 2014. "Rwanda 1994: le génocide des Tutsi". *L'Histoire*, n.º 396.
- de Vulpian, Laure. 2012. "Rwanda: l'attentat et le génocide". *L'Histoire*, n.º 375, 78-81.
- Dumas, Hélène. 2014. *Le génocide au village: le massacre des Tutsi au Rwanda*. París: Seuil.
- Lugan, Bernard. 1997. *Histoire du Rwanda. De la préhistoire à nos jours*. París: Bartillat.
- Melvern, Linda. 2010. *Complicités de génocide: comment le monde a trahi le Rwanda*. París: Karthala.
- Munyarugerero, François-Xavier. 2003. *Réseaux, pouvoirs, oppositions: la compétition politique au Rwanda*. París: L'Harmattan.
- Rizibiza, Abdul Joshua. 2005. *Rwanda, l'histoire secrète*. París: Panama.
- Rurangwa, Révérien y Luc Adrian. 2006. *Génocidé*. París: Presses de la Renaissance.
- Twagilimana, Aimable. 2007. *Historical Dictionary of Rwanda*. Lanham: Scrarecrow Press.
- Willame, Jean-Claude. 1997. *Les Belges au Rwanda. Le parcours de la honte*. Bruselas: GRIP-Complexe.

FUENTES COMPLEMENTARIAS

- Kayitesi, Berthe. 2009. *Demain ma vie: enfants chefs de famille dans le Rwanda d'après*. París: L. Teper.
- Kimonyo, Jean-Paul. 2008. *Rwanda, un génocide populaire*. París: Karthala.
- Lugan, Bernard. 1990. *Cette Afrique qui était allemande*. París: Picollec.
- Prunier, Gérard. 1998. *Rwanda: le génocide*. París: Dagarno.
- Vincelet, Christophe. 2004. *La mort des dix casques bleus belges à Kigali*. París: L'Harmattan.
- Willame, Jean-Claude. 1995. *Aux sources de l'hécatombe rwandaise*. Bruselas: Cedaf.

FUENTES ICONOGRÁFICAS

- Juvénal Habyarimana visita la base militar de Maryland, en Estados Unidos, en 1980. La imagen reproducida está libre de derechos.
- Paul Kagame acompañado de Michelle y Barack Obama. La imagen reproducida está libre de derechos.
- Fotografía de una iglesia en la que fueron asesinadas 5000 personas. La imagen reproducida está libre de derechos.
- Campo de refugiados ruandeses en el este de Zaire. La imagen reproducida está libre de derechos.
- Fotografía tomada en el memorial Karongi-Kibuye. La imagen reproducida está libre de derechos.

PELÍCULA Y DOCUMENTALES

- *¡Matadlos a todos! (Ruanda: Historia de un genocidio "sin importancia")*. Dirigido por Raphaël Glucksmann, David Hazan y Pierre Mezerette. Francia: Dum Dum Films, 2004.
- *Return to Kigali*. Dirigido por Jean-Christophe Klotz. Francia: ADR Productions, ARTE France Cinéma, KTO, Ina, 2006.
- *Mi vecino, mi asesino*. Dirigida por Anne Aghion. Francia y Estados Unidos: 2011.
- *7 jours à Kigali*. Dirigido por Mehdi Ba y Jeremy Frey. Francia: Java Films, 2014.

MUSEO Y MEMORIALES

- El museo memorial de Gisozi, en Kigali, Ruanda.
- El memorial de Nyamata, situado en una iglesia católica, Ruanda.
- El memorial de Murambi, situado en un complejo escolar técnico, Ruanda.
- El memorial de Ntarama, situado en una iglesia al sur de Kigali, Ruanda.
- El memorial de Bisesero, que conmemora a los resistentes de la prefectura de Kibuye, al oeste de Ruanda.

www.en50Minutos.es

ISBN ebook: 9782806288417

ISBN papel: 9782806288424

Depósito legal: D/2016/12603/699

Libro realizado por Primento, *el socio digital de los editores*